LAS 7S DE MCKINSEY

Las conexiones que hacen que todo funcione

Por Anastasia Samygin-Cherkaoui
En colaboración con Anne-Christine Cadiat
Traducido por Laura Bernal Martín

Economía y empresa en50MINUTOS.es

en50MINUTOS.es

LAS CLAVES PARA EL ÉXITO

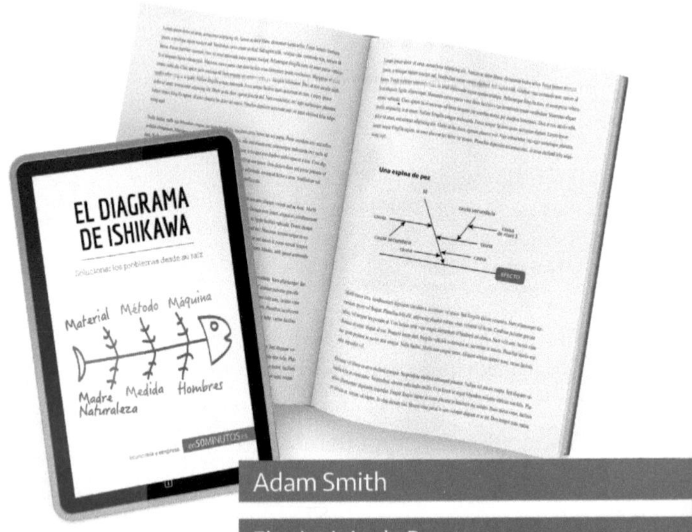

Adam Smith

El principio de Pareto

El estrés laboral

La pirámide de Maslow

www.en50minutos.es

LAS 7S DE MCKINSEY

DATOS CLAVE

- **¿Denominaciones?** 7S, modelo de las 7S de McKinsey
- **¿Utilidad?** Administración y gestión de medianas y grandes organizaciones, y adaptación al cambio
- **¿Por qué es eficaz?** Representación visual sencilla y aplicabilidad
- **¿Palabras clave?** Organización, modelo, gestión, cambio

INTRODUCCIÓN

Historia

El concepto de las 7S se remonta a los años ochenta, y se presentó por primera vez en un artículo firmado por Robert Waterman, Thomas Peters y Julien Philips, *Structure is not Organization* (1980). Surge en una época en la que se hace hincapié en la estrategia y en la organización de las empresas. Se trata, de hecho, de repensar por completo la organización de las empresas y no simplemente de ajustar las prácticas en vigor.

Si bien hoy en día estas representaciones gráficas y esquemáticas –diagramas, mapas, etc.– están muy extendidas en el ámbito económico, en la época fue una magistral idea por dos motivos:

- por una parte, la representación del modelo en forma de átomo sorprendió por su originalidad;
- por otra, la repetición de letra inicial «s» en cada uno de

sus elementos (en inglés) crea un efecto de aliteración.

Estas dos características facilitan la memorización del concepto, así como la visualización de la articulación de sus siete elementos e, *in fine*, contribuyen a su prestigio y a que se mantenga vigente.

Definición del concepto

El modelo de las 7S, desarrollado por la consultoría McKinsey, es una herramienta de diagnóstico organizativo, que se presenta esquemáticamente en forma de átomo. La denominación del concepto establece, mediante una regla mnemotécnica simple, tanto el número de elementos del esquema como, potencialmente, los que lo conforman, que empiezan todos por la letra «s».

¿SABÍAS QUE...?

Fundada en 1926, McKinsey es un consultoría estratégica que se presenta como «de alta dirección», puesto que se dirige fundamentalmente a empresas activas a nivel internacional. No es de extrañar que el mando de estas se encuentre en manos de antiguos miembros de McKinsey.

TEORÍA Y PRESENTACIÓN DEL CONCEPTO

Una gran parte del éxito de las 7S se basa en la representación del modelo en forma de átomo: esta figura dinámica muestra de forma simple y casi evidente la interconexión existente entre los elementos que la conforman. Se aleja, aunque no los excluye, de los esquemas en forma de cadena, que muestran una segmentación de tareas y un aumento de la productividad basado en la velocidad, o incluso de los organigramas piramidales tradicionales, a pesar de que hoy en día estos últimos integran cada vez más a menudo los flujos de información.

Desde los años treinta existen estudios que señalan la importancia de las relaciones humanas. Estas nos llevan a la inevitable conclusión de que es una falacia creer en relaciones simplemente técnicas. De hecho, entre trabajadores o grupos de trabajadores se establecen relaciones y desafíos que van más allá del marco teórico del organigrama funcional. Estas relaciones, por supuesto, pueden ser amistosas, pero también –a menudo– de influencia, es decir, que dependen de la capacidad que tiene una persona para modificar el comportamiento de otra, sea de forma deliberada o no, para conseguir que esta impulse sus objetivos o sus valores. Estas relaciones, imprevisibles para los directivos, resultan de vital importancia porque pueden modificar la organización en su conjunto. Todos podemos verificar esta afirmación recordando situaciones en las que el cambio de ciertas personas en el seno del grupo modifica los resultados de todos. Si tomamos como ejemplo el deporte, podemos constatar que un cambio de entrenador lleva a resultados diferentes, a pesar de que el equipo sigue siendo el mismo y de que cada miembro conserva su función.

De la misma manera, las empresas cambian y, como consecuencia, sus necesidades evolucionan, si bien es cierto que sus bases permanecen: siguen existiendo empresas familiares, empresas con tareas muy estandarizadas, compañías basadas en las competencias (en las que se aporta plusvalía, por ejemplo, mediante prestaciones intelectuales) o incluso empresas orientadas a «resultados». El cambio que se produce resulta de una combinación de modelos preexistentes y surge, por tanto, en empresas cada vez más híbridas. Además, la mayoría de las veces la internacionalización o la desterritorialización adquieren una mayor amplitud. Un supermercado, por ejemplo, funciona con una cierta autonomía (cada elemento de una empresa es también una empresa en sí mismo), pero forma parte de una agrupación (un grupo nacional en nuestro ejemplo) mucho más amplia, que lo controla y que puede encontrarse insertada en una empresa aún mayor (a nivel internacional).

Este es el contexto en el que surge el modelo de las 7S:

Los componentes del modelo

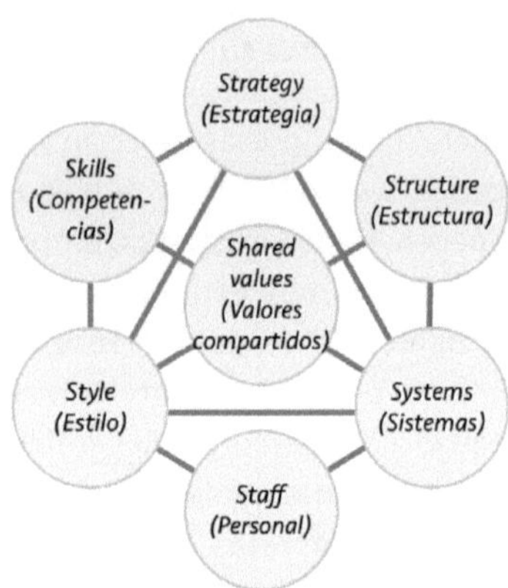

En la práctica, esta representación destaca la interacción entre los diversos elementos, que están relacionados con todos los demás manteniendo, no obstante, un núcleo central en el que merece la pena que nos detengamos un instante. Inicialmente, el círculo central representaba «objetivos extraordinarios» (*superordinate goals*). A Tony Athos (1934-2002), profesor en la Harvard Business School y amigo de Robert Waterman (cofundador del modelo), se le ocurre la idea de cambiar estos objetivos y convertirlos en «valores compartidos» (*shared values*). Esta aportación no es casual: modifica la filosofía del modelo al establecer bases sólidas (los valores) ahí donde hasta entonces se encontraban elementos prospectivos, los objetivos.

Evidentemente, los siete términos, que han sido fruto de reflexiones y debates, no se han elegido al azar.

STRATEGY

La estrategia (*strategy*) determina los medios que se desplegarán. Por ello, su definición precede al conjunto de los demás elementos. Es, de alguna manera, la respuesta que ofrece la empresa a su entorno: ¿hace falta disminuir los costes, aumentar la producción o determinar el perfil de su público? ¿Ampliar el rango de actividades o especializarse? ¿Mantener una actitud agresiva ante los competidores o intentar diferenciarse?

Como vemos, la estrategia es tan crucial como potencialmente desafiante, puesto que resulta de una interacción entre la empresa y su entorno. Sin embargo, no hay que precipitarse, puesto que la estrategia marca el rumbo de las decisiones, sobre todo en materia de inversión, de posicionamiento de productos o de implantación geográfica. Esta no puede, por lo tanto, cambiar repentinamente.

Distinguimos tres tipos de estrategia:

- la dominación por costes;
- la diferenciación (valor);
- el enfoque (nicho).

Una estrategia poco o mal definida puede llevar a decisiones difíciles, a inversiones poco justificables, a potenciar ciertas competencias en detrimento de otras, etc. Esto puede causar una ligera dispersión: la empresa carece entonces de especialización o de diferenciación especial. *A contrario*, una estrategia clara deriva en inversiones y en decisiones que van en una determinada dirección. Si la estrategia es adecuada, ¡la misión ha tenido éxito! En caso contrario, podemos suponer que a la empresa no le resultará fácil renovarse.

Para ilustrarlo, retomemos el ejemplo de la gran distribución: algunas cadenas se distinguen por su política de precios (bajos), mientras que otras son más conocidas por la calidad o la originalidad de sus productos. Algunas aún carecen de un distintivo particular. El mismo razonamiento puede aplicarse a la informática o a la telefonía. Algunas marcas intentan diferenciarse, ya sea mediante un estilo determinado o a través de sus propias especificaciones técnicas. De esta forma, se especializan y se dirigen a un tipo determinado de usuario. Otras se sitúan en una lógica de competencia en relación a los diversos actores presentes en el mercado y deben desmarcarse jugando con factores (eventualmente combinados) como los precios o los complementos –aplicaciones u otras «pequeñas plusvalías», materiales o inmateriales, que dan la impresión de que pertenecen a una comunidad de usuarios (de ahí el desarrollo de puestos como el de *community manager*). Sin embargo, podemos pensar que consiguen menos fidelizaciones a pesar de dirigirse a un público potencialmente más importante.

STRUCTURE

La propia definición de la empresa cambia cuando se aportan desarrollos y cambios a los modelos de empresa. De esta forma, es necesario sensibilizar a los empleados para que perciban la estrategia global de la empresa y definan, a su nivel, cómo integrarse en la empresa, es decir, cómo trabajar y con quién.

Actualmente, la descentralización se extiende cada vez más en el sector industrial. Tras las divisiones por función y por producto se han sucedido, de hecho, otras segmentaciones que han sido posibles gracias a criterios como países o regiones, mercados, población o tipos de productos, etc. Además, las divisiones no necesariamente se excluyen mutuamente (retomando el ejemplo de la gran distribución: una cadena puede tener una división geográfica con subdivisiones por producto en el seno de cada entidad).

Ante este hecho, parece aún más importante que la empresa centralice su toma de decisiones, incluso si en realidad se trata de una unicidad estratégica. Esta última está concebida para actuar de manera global, dejando en manos de las entidades de los otros niveles la capacidad de desarrollarse en su propio terreno. Podemos calificar esta estructura como temporal, que demuestra una relativa flexibilidad que puede ser más política o contingente; dicho de otra forma, que se adapta a su entorno.

¿SABÍAS QUE...?

- Según el estructuralismo, las relaciones sociales se organizan en construcciones sociales independientemente de la conciencia de sus actores. En el ámbito de las ciencias humanas, la noción de estructura surge en Francia en los años cincuenta. Se trata, para los pensadores estructuralistas –sobre todo Émile Benveniste (1902-1976), Claude Lévi-

Strauss (1908-2009), Roland Barthes (1915-1980) y Maurice Godelier (nacido en 1934)– de poner de relieve un modo de organización en el que predominan las relaciones.
- En biología, una de las particularidades de la estructura radica en que esta es capaz de autorregularse.

Siguiendo la misma tónica, la estructura se adapta en función de los acontecimientos a los que se enfrenta. El aspecto relacional es preponderante. Si bien la noción de «sistema» preveía elementos preexistentes entre los que se establecían diferentes relaciones, el estructuralismo va en cierta manera más allá: para él, las construcciones sociales pertenecen a un conjunto de reglas abstractas, y el origen de la estructura se confunde con su funcionamiento, si bien toda alteración conlleva una adaptación espontánea.

SYSTEMS

Este concepto, cuya traducción por «sistemas» no es tan acertada como la palabra original inglesa, designa los procesos y el funcionamiento que forman parte del día a día de una empresa. Un término más adecuado en español, y que también comienza por «s», sería el de «seguimiento»: seguimiento presupuestario, seguimiento del cumplimiento de los procedimientos internos, seguimiento (marco) jurídico, etc. Una estrategia que no se preocupa por estos procedimientos está condenada al fracaso, independientemente de su pertinencia, puesto que ignora el funcionamiento real de la empresa. De la misma forma, si usted decide modificar el funcionamiento de una empresa o simplemente someterla a análisis, no descuide los procedimientos y el seguimiento.

STAFF

La noción de *staff* (personal) remite a «equipo» en el más amplio sentido: engloba, de hecho, no solo las habilidades, los conocimientos, los programas formativos, la motivación, el comportamiento, sino también los salarios, la jerarquía, la evaluación y el ascenso de los trabajadores. En realidad, se trata de la gestión de recursos humanos en su conjunto.

STYLE

Esta noción, cercana a la de *staff*, se basa en una distinción de niveles, puesto que se trata de resaltar el comportamiento de los altos ejecutivos. Podemos lamentar esta diferenciación entre los directivos y el equipo puesto que los primeros forman parte de este último; sin embargo, hemos de reconocer el impacto que puede tener en el seno de un grupo un cambio de mando. Algunos objetarán que la importancia del estilo no la determinan solo los dirigentes. No faltan ejemplos en este sentido: en un equipo de deporte, un solo jugador puede tener una personalidad más fuerte o un estilo más marcado que el entrenador. ¿Pero es esto motivo suficiente para situarse por encima del entrenador? También en el cine se dan casos en los que un papel secundario brilla más que un papel principal. Pero, ¿no radica justamente en la pericia del director permitir que estas personalidades se manifiesten? ¿Y qué decir de los juegos de influencia en la política?

¿Sabías que...? Alta dirección y alto ejecutivo

La alta dirección se refiere al nivel más elevado de las funciones ejecutivas de una empresa (privada o pública). Los altos ejecutivos son a menudo personalidades fuertes, capaces de dirigir sus equipos y de compartir su visión de futuro y de los medios con vistas a lograr objetivos fijos. Si toman decisiones relativas a la estrategia y a los objetivos de la empresa, también tienen (teóricamente) que asumirlos: cargan (solos) con la responsabilidad de tener éxito o fracasar en sus políticas.

SKILLS

Este término, que en español suele traducirse como «habilidades», engloba el *savoir faire* (galicismo que significa «saber hacer», en el sentido de «conjunto de conocimientos y técnicas acumulados, que permite desarrollar con eficacia una actividad en un determinado ámbito») y las habilidades sociales. En este punto la noción invade ligeramente, si bien no por completo, el terreno del *staff* (personal) y de la estrategia.

Las *skills* engloban:

- las especificidades de la empresa o de la marca, es decir, los elementos que la diferencian (o por los que cree diferenciarse) de la competencia;

- las habilidades del personal. La empresa busca empleados con actitudes y aptitudes capaces de transmitir y reforzar los valores de la misma.

Por lo tanto, se trata de resaltar el vínculo existente entre las cualidades de los actores y las de la empresa en la que evolucionan y en cuyo desarrollo participan.

SHARED VALUES

Los *shared values* o «valores compartidos» constituyen el núcleo del modelo. Una de las críticas emitidas contra el estructuralismo señalaba la desatención a los actores, considerados de cierta manera simples contingencias de la empresa. Como respuesta a esta crítica, varios sociólogos, impulsados por Pierre Bourdieu (1930-2002), velaron por la revalorización de los actores, no en el sentido de que puedan liberarse de las estructuras, sino considerando la importancia de sus experiencias y de sus representaciones parte integrante de la realidad de la empresa.

Es cierto que no todo el mundo tiene la oportunidad de elegir su trabajo o su situación. No obstante, deben existir un mínimo de valores compartidos, ya se trate de la calidad del servicio o del producto o incluso del compromiso de la empresa con una causa cualquiera. Imagínese que trabaja en un taller en el que deshace el martes lo que hizo el lunes. Si ignora la inutilidad de su trabajo, las posibilidades de que continúe realizándolo, con una motivación variable, eventualmente incluso con objetivos en términos de productividad o de calidad, son altas. Por el contrario, ¿qué diría si se diera cuenta de lo absurdo de la tarea encomendada?

¿Seguiría adelante? ¿Por cuánto tiempo? ¿Con qué condiciones? De forma paralela, hemos hablado anteriormente de la estrategia y de la gestión: un cambio en este nivel puede generar la insatisfacción del personal (huelgas, aumento del absentismo, pérdida de productividad, disminución de la calidad del trabajo, dimisión de trabajadores que tengan esta oportunidad, etc.). Todos podemos encontrar, en el presente o en el pasado, ejemplos que ilustran el hecho de que los valores no compartidos por todos generan tensiones o rupturas.

Lo importante en este punto radica en el vínculo entre los valores de una empresa (transmitidos por un conjunto de individuos) y los valores de las empresas en calidad de organizaciones comerciales o asociativas. Podríamos hablar de empresas en minúscula y de Empresas en mayúscula, en el sentido en que los valores de las primeras fueran una enumeración de los valores de las segundas, con los que deben mantenerse coherentes.

CONCLUSIÓN

Dado que todos los elementos del modelo están interconectados, la modificación de uno de ellos tiene un impacto directo en todos los demás. Por ello, este esquema debe ser considerado como dinámico. Su dibujo en forma de átomo le ofrece al usuario la libertad de aplicar el modelo empezando por cualquiera de sus elementos, dependiendo de los datos de los que disponga y de la posición que ocupe, si bien los *shared values* no se encuentran situados en el centro por casualidad.

Por último, cabe destacar en la conclusión que tras el análisis de las 7S es posible hacerse una idea global de las bases de una empresa o de una organización.

LÍMITES DEL MODELO Y EXTENSIONES

LÍMITES Y CRÍTICAS DEL MODELO

Según el artículo fundador del modelo de las 7S, *Structure is not Organization* (1980), y haciendo referencia al pintor belga surrealista René Magritte (1898-1967), la representación de una cosa no es la cosa en sí misma. Por extensión, la representación esquemática de una organización, por muy práctica y bien concebida que esté, no es esa organización. De esta forma, el modelo de las 7S no es, de la misma forma que no lo es ningún otro modelo, la piedra filosofal del éxito de una empresa. No obstante, dado que incluye datos de tipo subjetivo (incluidos en los valores compartidos, el equipo, las habilidades, etc.), nos atrevemos a pensar que este modelo quizás se adapta mejor que otros a las situaciones particulares de cada empresa, en la medida en que es capaz de integrar un parámetro específico: la «cultura de empresa». El cuadro directivo, que engloba por sí solo una de las esferas del modelo (*style*) puede estar sobredimensionado, ya que, en cierta manera, podríamos incluirlo en el *staff.*

Siguiendo el concepto accionista, basado en la importancia de las relaciones humanas, la teoría de las organizaciones en la que se integra el modelo de las 7S no es más que una parte de la teoría general de la acción desarrollada por sociólogos como Max Weber (1864-1920) en Alemania, Talcott Parsons (1902-1979) en Estados Unidos o Michel Crozier (1922-2013) y Erhard Friedberg (nacido en 1942) en Francia.

¿SABÍAS QUE...? LA TEORÍA GENERAL DE LA ACCIÓN

Según esta teoría, toda construcción social está formada por las acciones de sus actores. Las relaciones de poder se distinguen de los meros vínculos de dominación, y el poder del actor radica en su capacidad de ejercer influencia sobre los otros. Si bien es cierto que esta capacidad es desigual, esta permite generar zonas de incertidumbre y, por ello, de poder, sin alejarse no obstante de las reglas establecidas (manteniéndose por tanto en el sistema de acción, es decir, en el juego).

MODELOS RELACIONADOS

Fruto del éxito de las formas esquemáticas, algunos se apropian de los modelos existentes para adaptarlos a su propia empresa. En la presentación de los ejecutivos vemos a menudo esquemas como el de las 7S. En la gestión de empresas, los diagramas –esquemas que presentan una actividad en su conjunto– y los mapas de procesos derivan de razonamientos similares.

Además, cada vez existen más modelos que se deciden por jugar con la sonoridad mediante el empleo de aliteraciones o de preguntas (quién, cuándo, cómo, cuánto) para captar la atención de los receptores.

Creemos que lo que importa en el modelo de las 7S es presentar correctamente las interconexiones entre las distintas nociones, así como tener en cuenta la importancia de las relaciones humanas –lo que no evita que cada uno lo ponga en práctica a su manera. El hecho de referirnos a un modelo validado no significa que se aplique de manera uniforme.

APLICACIÓN DEL CONCEPTO

CONSEJOS Y BUENAS PRÁCTICAS

¿Qué implica en concreto decidir pensar o replantearnos las 7S de una empresa en el marco de la realización de un proyecto?

¿Por dónde empezar?

Caso 1: creación de una empresa

Si mañana creo una empresa, probablemente llevaré a cabo una estrategia intelectual. Desde una posición «meta» en la que soy a la vez actor y observador exterior, defino en primer lugar mi estrategia planteando las siguientes preguntas:

- ¿Cuál es mi producto?
- ¿Cuál es mi posición en relación a la de mi competencia (potencial)?

En teoría, me sobrevendrán probablemente preguntas relacionadas con los valores, y lo mismo ocurrirá con el resto de elementos del modelo. No obstante, en la práctica, constatamos que no siempre existe la ocasión de proceder de esta manera.

Caso 2: empresa existente

En el caso de una empresa existente, nos parece más pertinente comenzar desde el núcleo del átomo, es decir, desde los valores. De hecho, estos son de algún modo el más pequeño denominador común de los miembros de la empresa. Por ello, una reflexión sobre los *shared values* permitirá saber antes que nada qué comparten los actores en cuestión. Responder a la pregunta de los valores y decidir modificar parcialmente su contenido puede evidentemente influir en la estrategia y en todo lo demás. Tomemos un ejemplo: ¿debemos mantener un servicio que no es rentable? De manera espontánea podríamos estar tentados a responder negativamente. Sin embargo, en el caso de un servicio médico o de un servicio de transporte, la pregunta adquiere otro sentido.

Concretizar el proyecto

Tanto para la creación de un proyecto como para un cambio en una empresa existente, el diálogo con los actores es una condición previa indispensable. Actuar en sentido inverso, «desde arriba», equivale a querer ayudar a quien no quiere ayuda. Los regímenes totalitarios han demostrado una y otra vez que este sistema no funciona. Aunque el cambio que se desee implantar sea pertinente, el método empleado para lograrlo puede condenarlo al fracaso.

Ahora que conocemos un poco mejor la empresa, es preciso hacerse las preguntas adecuadas para concretizar nuestro proyecto:

- ¿Qué diferentes fases hay que respetar?
- ¿Cuáles son los medios financieros y los recursos –*staffs* y *skills*– de los que hay que disponer para lograrlo?
- ¿Cuál es la particularidad de la empresa?
- ¿En qué se diferencia de la competencia?

- ¿Cómo llega a sus interlocutores?

Respondiendo a estas preguntas (re)definiremos el estilo de la empresa, que es coherente con sus valores. En cuanto a la estrategia, esta no puede determinarse sin tener en cuenta los valores, las habilidades y el entorno (competencia) en la que se desarrollará.

Evaluar el proyecto

Para evaluar el proyecto es necesario analizar el sistema (seguimientos y procedimientos) para adquirir una visión global de la organización, con sus cualidades y sus fallos.

La reflexión sobre las 7S lleva inevitablemente a mantener o a modificar la empresa que sirve de marco para la acción.

Las preguntas formuladas y las respuestas aportadas ejemplifican la interconexión de las distintas nociones del esquema de las 7S. Si, *in fine*, comprobamos que se han tenido en cuenta todos los elementos, puede ser difícil precisar exactamente qué concierne a uno o a otro. Lo que en definitiva cuenta es no descuidar ningún aspecto del modelo.

ESTUDIO DE CASO

Tomemos como ejemplo una empresa X, actor en el sector público y, por tanto, empresa de derecho público. Diversos informes externos señalan la existencia de graves problemas de gestión, cuyos síntomas son:

- Empeoramiento de la situación presupuestaria;
- mala gestión de recursos humanos, que lleva a que el número de trabajadores para un servicio que no ha cambiado haya ido aumentando durante varios años;
- una masa salarial que se corresponde al 50% de la facturación.

Someten a X, empresa de derecho público, a cierto control y debe rendir cuentas sobre los puntos de su gestión que plantean dudas. Esta situación genera tensiones entre la empresa y su tutela administrativa. En el mismo momento, a nivel interno, cambia el presidente del consejo de administración (CA) de la empresa.

Buscando asegurar su tutela y quizás también reafirmarse en su puesto, el CA de X, motivado por el nuevo presidente, decide recurrir a un asesor externo para llevar a cabo un análisis completo de la situación.

El asesor nombrado (por el mercado público) conoce bien el modelo de las 7S.

- Para empezar, realiza un primer análisis rápido de la situación, esencialmente de la financiera: recibos y evolución de resultados de los últimos años, análisis de los principales puestos de mando, margen bruto de explotación, etc. Sus conclusiones no solo coinciden con las de la tutela, sino que las refuerzan al presentar resultados mucho más exigentes.
- Una vez establecida esta primera conclusión, podríamos decir *ex cathedra* debido a que para realizar un informe financiero no es especialmente necesario encontrarse

sobre el terreno, trabaja en el seno de la empresa y lleva a cabo «talleres» (*workshops)* con los principales responsables. Extrae una serie de nuevas conclusiones, que revelan carencias en términos de organización y de logística, tensiones internas, problemas de habilidades, etc.

- Cuando el asesor se hace una idea clara de las misiones y de los objetivos de la empresa, su trabajo consiste en ofrecer recomendaciones concretas. Las soluciones planteadas surgen en los talleres por lo que van de acuerdo o cuentan con la cooperación de los empleados de la empresa, y se pondrán en práctica parcialmente.
- De esta forma, X será profundamente reorganizada: si bien enfrentarse a que se vaya inevitablemente una importante parte del personal (un tercio de los trabajadores) por despido o por jubilación anticipada es socialmente duro, esto no ocasionará ni un solo día de huelga.

Observando el método del asesor, nos damos cuenta de que enfoca su reflexión partiendo del núcleo del esquema de las 7S de McKinsey. En primer lugar, tiene en cuenta los valores compartidos por los trabajadores en la ejecución de su trabajo. A continuación se detiene en el *staff*, es decir, en el personal, con sus cualidades y sus defectos. Los problemas se analizan midiendo los desajustes entre el sistema (es decir, los procedimientos) y el *staff*. De ello se desprende que, por ejemplo, algunas misiones no están claramente definidas o se realizan parcialmente en dos veces, y que algunos trabajadores carecen de las herramientas o las cualificaciones necesarias para efectuar las tareas que se les asignan.

Al clarificar los procedimientos internos, el asesor no solo trabaja sobre el sistema, sino también sobre las habilidades.

Asimismo, este se da cuenta de que existen algunas tensiones vinculadas a caracteres diferentes, pero también a factores externos de tipo político. Como hemos indicado, el número de trabajadores ha aumentado mucho y a gran velocidad sin que haya un cambio en el servicio que se oferta. Debido a la politización del CA (empresa de derecho público), algunos trabajadores se consideran menos legítimos que otros. En esta particular situación, el asesor trabaja con dos directivos que acaban de llegar y que están relativamente protegidos por estas cuestiones de legitimidad: el responsable financiero y el presidente del CA.

A pesar de la dinámica de trabajo y, en cierta medida, debido a esta, nacen tensiones y desacuerdos entre algunos trabajadores, entre los que se encuentra el propio director de la empresa. Este último siente que está perdiendo legitimidad, ya que se han cuestionado algunas de sus decisiones y de sus actos. Al mismo tiempo, el presidente del CA se implica, actúa como intermediario entre los trabajadores y el CA, y realiza un importante trabajo que lleva a una dinamización del conjunto del CA, a una mejor información y a una mayor implicación de sus miembros. Lo que revelan estas tensiones es que al trabajar sobre el sistema, el asesor ha hecho que se tambalee la empresa. El trabajo «sobre el terreno» ha forzado a la empresa a prepararse para una inevitable e importante reorganización.

Impulsado por los nuevos directivos, siguiendo los consejos del asesor y con el apoyo fundamental de la base, los responsables –el CA– han podido redefinir la estrategia de la empresa. Si bien las misiones las define una ley orgánica, la forma en que se actúa es propia a la empresa. En este caso en concreto, la estrategia es la siguiente:

- una adaptación del método;
- la definición de unos objetivos coherentes con las misiones de la empresa y con los valores que le sirven de base. Dado que se trata de una empresa de servicios de derecho público, por lo que no debe posicionarse en el mercado en relación a actores privados, el aspecto estratégico es más limitado.

En lo que se refiere al *style* (estilo), el cambio de presidente del consejo es determinante: un cierto dinamismo y una nueva implicación animan ahora este órgano de gestión. El director, cuestionado debido a las lagunas destapadas por diversos informes, y que no ha participado en el trabajo del asesor, se encuentra aislado. Abandonado por su consejo de administración, decide dejar la empresa beneficiándose de un plan de jubilación anticipada y es enseguida reemplazado por el responsable financiero. De cierta manera, el círculo se cierra, ya que este último y el presidente han sido los dos principales interlocutores del asesor.

Recordemos que la reorganización de la empresa X se ha llevado a cabo sin conflictos sociales (principalmente, sin huelga). Hoy en día, el clima social es mucho mejor que antes. El funcionamiento es más armonioso gracias a la redefinición de las tareas y los servicios.

Sin embargo, aún es necesario ajustar ciertos detalles, como el hecho de que a nivel interno aún falten algunas competencias. Aquí se indican los principales motivos:

- en primer lugar, el personal está poco cualificado en general;
- por otra parte, desde un punto de vista reglamentario, dado que una empresa que procede a una restructuración importante no puede volver a contratar personal hasta tres años después, ha sido necesario determinar cuántos empleados eran necesarios para mantener las actividades y el nivel de servicios de la empresa. Este trámite implica, por tanto, calcular el número de despidos que tienen que realizarse para contar con un equipo pequeño que no tiene por qué tener todas las competencias requeridas.

En último lugar, hemos de insistir sobre el hecho de que el asesor ha iniciado su reflexión desde el centro del átomo de las 7S (valores compartidos), es decir, desde aquello que debe ser el punto común del conjunto de los trabajadores. Después ha «viajado» por el esquema, pues este lo permite a la perfección. La interconexión y la no jerarquía de los elementos representados constituye, para nosotros, una de las principales ventajas del modelo.

EN RESUMEN

- Las 7S de McKinsey constituyen un modelo de diagnóstico organizativo que se utiliza en gestión de empresas, sobre todo cuando van a llevarse a cabo nuevos proyectos o cambios en el seno de una empresa. Su éxito radica en que permite tener en cuenta un interesante conjunto de parámetros a los que favorece su interconexión.
- Este modelo, que surgió en los años ochenta, es el resultado de la evolución de las ciencias humanas (estructuralismo y valorización de las relaciones sociales) y de la economía (modificación de las estructuras comerciales y empresariales enfocadas a una hibridación y a una internacionalización de las empresas).
- Los teóricos de las 7S son Robert Waterman, Thomas Peters y Julien Philips.
- Este modelo tiene la ventaja de tener en cuenta las interacciones entre los distintos parámetros que componen una organización. Dicho de otra forma, pone énfasis en las relaciones humanas y en el aspecto cualitativo.
- No obstante, este modelo, al igual que los demás, sigue considerándose una herramienta y no un fin. Además, debido a la importancia que le otorga a las relaciones sociales, a los valores compartidos y a la gestión, favorece criterios subjetivos o datos cualitativos. Por ello, algunos prefieren enfoques más centrados en datos económicos y cuantificables.

¡Tu opinión nos interesa!
¡Deja un comentario en la página web de tu librería en línea,
y comparte tus favoritos en las redes sociales!

PARA IR MÁS ALLÁ

FUENTES BIBLIOGRÁFICAS

- Bajoit, Guy. 1992. *Pour une sociologie relationnelle*. París: PUF.
- Bourdieu, Pierre. 1979. *La Distinction – critique sociale du jugement*. París: Éditions de Minuit.
- Bourdieu, Pierre. 2002. *Questions de sociologie*. París: Éditions de Minuit.
- Crozier, Michel y Erhard Friedberg. 1977. *L'Acteur et le Système*. París: Seuil.
- Desveaux, Emmanuel. 2008. *Au- delà du structuralisme. Six méditations sur Claude Lévi-Strauss*. París: Complexe.
- Lévi-Strauss, Claude. 2003. *Anthropologie structurale*. París: Pocket.
- Tom Peters. Consultado el 30 de junio del 2014. http://tompeters.com/
- Waterman, Robert, Thomas Peters y Philips Julien. 1980. *Structure is not Organization, Business Horizons*. vol. 23, n.° 3, 14-26.

¡APRENDER
NUNCA ANTES FUE
TAN RÁPIDO!

www.en50minutos.es

© **en50Minutos.es, 2016. Todos los derechos reservados.**

www.en50Minutos.es

ISBN ebook: 9782806274892

ISBN papel: 9782806285959

Depósito legal: D/2016/12603/531

Libro realizado por Primento, *el socio digital de los editores*